# L'EMPIRE

# EN PROVINCE

PARIS

IMPRIMERIE L. TINTERLIN ET C<sup>e</sup>

Rue Neuve-des-Bons-Enfants, 3.

# L'EMPIRE

## EN

# PROVINCE

PAR

## J.-H. DUVIVIER

**PARIS**

E. DENTU, LIBRAIRE-ÉDITEUR

GALERIE D'ORLÉANS, 13, PALAIS-ROYAL.

**1861**

Tous droits réservés

# L'EMPIRE

# EN PROVINCE

---

## I

Paris est la ville affamée de beauté qui secoue la poussière des âges, se rajeunit au prix d'immenses trésors, et pour quelques agréments de plus vendrait le monde. Ses magnificences sont sur un point, ses limites sont à nos frontières. Dans l'intervalle il existe un vide dont elle prend peu de souci : — C'est la France... ou la province, comme on dit quand on est de cœur plus Parisien que Français.

*Urbi et Orbi !* Voici l'héritière de Rome : la Sicile doit le blé, la Gaule les esclaves, l'Asie le luxe, la Grèce les bouffons.

Les vins de Bourgogne et de Médoc, les succulents produits de Normandie ou du Périgord, les bois de l'Est, les fruits du Midi, l'industrie et le travail de partout : *Urbi !* — Et la matérialité de sa vie étant une fois assise sur ces riches tributs, la ville dictera ses arrêts à l'univers : *Orbi !*

Car elle est, cela ne fait pas doute, l'arbitre de ce que chacun au dehors doit penser, croire, éprouver.

Ecoutez, hier encore, M. Taine :

« Ici (alentours de Paris) l'intelligence brille, non pas la verve pétulante et la gaieté bavarde des méridionaux, mais l'esprit leste, juste, avisé, malin, prompt à l'ironie. . . . . . . . . . . .

« Vous êtes remonté à la source de l'esprit gaulois; vous y avez vu le grand réservoir primitif d'où tous les courants sortent. »

Voilà l'esprit gaulois circonscrit à l'étroit territoire de Paris ; la France n'est que là.

Aussi, ceux qui ne se croient pas suffisamment Français pour être nés et avoir vécu au delà d'un rayon de quelques lieues, viennent-ils à flots s'entasser dans la capitale.

La campagne est déserte; — développement industriel, disent les uns; — embellissements excessifs de Paris, qui attirent les bras et les retiennent par l'élévation des salaires, répondent de plus sincères; cette raison n'est encore que secondaire : la cause supérieure de ce déplacement anormal est le régime auquel la province est abandonnée.

Il s'en faut, toutefois, que toutes les classes de la population en ressentent les atteintes avec une égale intensité : les petites gens émigrent, soit parce qu'il leur est impossible de vivre libres dans leurs départements, — encore plus d'y être jamais prophètes;

soit parce que le tourbillon parisien se prête mieux que tout autre milieu à noyer le souvenir de leurs humbles débuts, si la fortune leur sourit, ou à cacher leur dénuement si elle leur est contraire.

Mais l'aristocratie n'émigre pas : instruite dès l'enfance à donner des marques extérieures d'une dignité superbe qui est encore prise au sérieux, vaincue à Paris, elle conserve chez elle une influence après laquelle celle du Gouvernement ne trouve qu'à glaner.

M. de Persigny n'avait que faire, dans sa première circulaire aux préfets, de recommander : *« De témoigner les égards qu'ils méritent à beaucoup d'hommes honorables et distingués des anciens Gouvernements, qui se tiennent à l'écart par un sentiment de dignité personnelle, et de ne négliger aucune occasion de les engager à faire profiter leur pays de leurs lumières et de leur expérience. »* Ceux que M. le Ministre de l'intérieur convie à l'action ne l'ont jamais abdiquée ; la province ne le sait que trop.

Les maîtres restent ; le peuple s'échappe : il court vers Paris après l'écu que lui a emporté l'impôt ; car, a dit un hardi écrivain de notre temps : l'homme s'agite et l'argent le mène.

L'argent de l'impôt, grâce au système centralisateur, ne doit retourner qu'en partie à la généralité qui l'a produit ; le reste constitue l'apanage du centre.

Paris, grâce à ce mécanisme, sera : « la ville où le

travail abonde, où la charité publique et privée est sans limite, où la salle d'asile et l'école s'ouvrent gratuitement pour l'enfance, l'hôpital pour la maladie, l'hospice pour la vieillesse; où tout contribuable dont le loyer n'atteint pas la somme effective de 312 fr, 50 c. est exonéré de la contribution personnelle et mobilière (1). » Ce programme laisse peut être à désirer pour le pays de Cocagne que veut faire entrevoir M. le Préfet de la Seine; mais Paris est en outre à un degré exceptionnel le pays de la liberté et de la légalité; c'est à nos yeux le plus important; c'est, eu égard à l'état du reste de la France, ce que nous serions tenté d'appeler les *priviléges* et *franchises* de la *bonne ville* de Paris, si nous ne nous rappelions de toutes nos forces que le temps de ces inégalités est passé, et que les avantages à accorder à une ville ne se mesurent plus à l'état respectable de ses murailles ou l'énergie de ses défenseurs. D'ailleurs, priviléges et franchises jureraient singulièrement avec l'existence d'une Commission, nommée par l'Empereur, pour tenir lieu d'un conseil municipal électif; et le riant programme de M. le Préfet de la Seine ne s'accorde guère mieux avec la cherté toujours croissante des loyers causée par l'invasion de la province. Que conclure de tout ceci? qu'il n'est ni de part ni d'autre de bénéficiaire réel d'un état de chose vicieux. Paris

____

(1) Rapport du préfet de la Seine.

crevant de pléthore, la province anémique sont tous deux livrés à deux souffrances opposées qui n'ont rien l'une l'autre à se céder.

L'on répète partout qu'une nouvelle ère démocratique a commencé: est-ce là de la démocratie?

L'on ajoute qu'une souveraineté dynastique est la forme sous laquelle il appartient à la volonté nationale de se manifester: il ne peut s'agir ici, ni ailleurs, de contester la valeur de cette assertion; admettons-la; il est élémentaire, au moins, d'entendre que cette souveraineté représentera la volonté de toutes les parties de la nation et non d'une seule, de trente-six millions et non de deux millions de Français, des Français de l'Aveyron, des Cévennes et de l'Alsace aussi bien que de ceux de Paris et non uniquement de ces derniers. Ah! ce serait une belle conquête, aussi belle pour le moins que celle de la transformation du titre de roi de France en titre de roi des Français, que de changer sérieusement la souveraineté de Paris en souveraineté équilibrée de toutes les fractions de l'Empire. L'inégalité d'avantages entre les points divers d'un État régi démocratiquement semble plus blessante que l'inégalité de fortune entre les citoyens. Cette dernière est condamnée par des principes dont l'autorité s'exerce sur un nombre encore très-limité d'intelligences, l'autre est contradictoire à la constitution de l'impôt et choque la conscience publique. Tout hameau français produit, paie, vaut par lui-même et par ce qu'il tient au reste du pays ; ses droits ne sauraient être moindres que ceux d'une ville quelconque. Cette proposition doit être unanimement avérée sous peine que nous ne formions pas une nation mais un domaine.

Dans ce cas alors il n'y aurait rien à objecter ; la faveur du maître ou des maîtres déciderait de toutes choses : Morlaix ou Sarreguemines, Bayonne ou Draguignan auraient mauvaise grâce à se plaindre d'être moins bien traitées que Paris. Loin des yeux, loin du cœur; et que les coins approchent s'ils en veulent, comme eût pu conclure la servante de Molière.

## II

Contre l'injustice la revendication est éternelle. Cependant, nous en conviendrons, l'intérêt d'avenir de la civilisation avait pu commander de rester sourd à la revendication de la province quand la nationalité française, à peine fondée, les plus violents antagonismes s'étaient élevés de toutes parts contre elle, quand des efforts désespérés avaient été tentés pour rompre le magnifique faisceau qu'elle formait déjà. L'œuvre de cette nationalité avait été le rêve et l'occupation constante d'une royauté que la féodalité s'était laissé surprendre. Ce pouvoir longtemps incertain n'avait pas eu le choix des moyens pour agréger péniblement à elle une parcelle après l'autre du pays entier; la fin justifiait les moyens: moyens de compression, fin grandiose, problème de cette unité, à laquelle, aujourd'hui conquise, nous voulons voir donner ses suprêmes résultats. La révolution n'avait pas eu à exercer une vigilance moins rigoureuse pour surveiller et anéantir les entreprises de l'ancien régime, décidé à revivre, quelque renoncement qu'il lui en dût coûter hors celui de soi-même. Elle avait dû se montrer ombrageuse, cruelle envers ses propres enfants sur le simple soupçon d'une atteinte au principe d'indivisibilité. La révolution, elle aussi, était donc excusable de maintenir, d'alourdir même le joug de la province, ainsi qu'elle l'a fait avec l'austère concours de ses représentants en mission.

Aujourd'hui, que sont devenus les dangers, les craintes dont il était possible d'arguer? Ils se sont évanouis. La nationalité est la religion réelle de la France; le petit nombre de ses citoyens qui ne la professent pas est une exception couverte d'une réprobation écrasante; la nationalité est plus qu'un principe, plus qu'un sentiment; c'est à présent un instinct indestructible. Que l'on ne vienne donc plus invoquer une tutelle expirée, des précautions surannées, des devoirs éteints. La revendication reparaît non pas plus légitime mais plus opportune, elle ne souffre plus de remise, ce temps est le sien : le temps du suffrage universel et de l'égalité politique. Elle reparaît plus forte, rendue plus touchante par les retards successifs qu'elle a consentis. C'est quand l'Italie tente vainement de souder ses tronçons entre eux pour devenir *une*, — quand les États du Sud rompent le lien fédéral de l'Union Américaine pour une différence d'intérêts, — quand des prétentions d'autonomie arrêtent partout la formation des grandes nationalités, que la province vient demander justice, au nom du sang et de l'or qu'elle a versés, des avantages naturels dont elle s'est laissé dépouiller, des croyances et des sympathies qu'elle a répudiées, des sottises qu'elle a endossées, des cruautés et des insultes qu'elle a pardonnées. Elle a reconnu la prééminence de l'intérêt de cohésion aujourd'hui garanti : justice ! Elle ne s'est rebutée ni de la subalternité de son rôle ni de l'humiliation commandée à son génie : justice ! Elle a été patiente, éprouvée ; elle a gagné au centuple le droit d'être traitée en égale par Paris, qui n'est rien que par elle : trève, à la fin, de distinctions, abolition du prodigieux réseau qui l'étreignait : liberté, légalité, discussion !

Eh bien ! où serait le mal que la province, non pas seulement ses villes, mais ses villages, mais ses hameaux, eussent identité de régime avec Paris ? La nature chez nous n'est-elle pas complétement asservie ? Existe-t-il encore une *horreur* de nos forêts ou de nos contrées les plus inhabitées ? Sommes-nous encore accessibles à l'*épouvante de l'étendue* dans notre patrie? Non. Les bois obscurs sont des chantiers de constructions, les torrents sont des forces motrices, les rochers des amas de grès, de gneiss ou de granit pour le pavage ou les travaux d'art.

L'homme, avant qu'il eût dompté le premier cheval, fuyait devant tous les animaux; quand il en eut fait son coursier, il les poursuivit tous.

L'homme de notre temps a asservi la nature : n'en résultera-t-il rien?

L'Italie des Césars au temps de Pétrone, la province il y a moins de trente ans, eussent peut-être inspiré des récits analogues. A propos de l'une et de l'autre il eût été question d'escortes, de routes dangereuses, de paysans farouches, de bêtes fauves, de brigands.

Il y a moins de trente ans, la révolution industrielle n'avait pas encore éclaté, la nature restait indomptée, aujourd'hui elle porte un harnais de rails.

Quelle indépendance en résulte-t-il pour les hommes? Quelle mobilité pour les populations! Les descendants des Galles et des Cimbres, ces deux rameaux de la race Celtique; les descendants des colonies grecques et romaines, des Sarrazins, des Espagnols, des Scandinaves, les tribus bohémiennes du Nord-Est et du Sud-Est qui, tous, répartis aux quatre poins cardinaux de la France, ont longtemps perpétué des races trop distinctes, entrent-ils enfin en entière communauté d'idées, de mœurs, de langage? Ils en restent à la haine de l'étranger, à la *Marseillaise*; c'est beaucoup, ce n'est pas assez.

C'est que, jusqu'ici, tous les progrès ont été accomplis en vue de mettre davantage à la portée de Paris les points divers où ses intérêts l'appellent, en vue d'accroître son influence, de multiplier les modes de son action absorbante; ils n'ont eu aucunement pour objet de rapprocher la province de ses ressources, de ses approvisionnements, de ses débouchés, de quoi que ce soit d'indispensable au développement de son industrie et à sa prospérité. Il n'y a qu'à examiner une carte des chemins de fer français pour en être convaincu.

C'est que le mauvais génie de la politique a veillé au ferme maintien de l'organisation départementale, de cette arme à deux tranchants qui fut adoptée par la Révolution contre l'hostilité de clocher et l'hostilité de contrée, celle de petite et de grande association.

Autre chose était la province, autre chose est le département qu'on lui a substitué.

Les antiques provinces, au moins, étaient des divisions sincères, ethnologiques; elles avaient leur histoire, leur patriotisme auquel on s'intéresse encore malgré soi, en remontant le cours de leurs annales; la Bretagne vendue, la Flandre traînée en cage, la Bourgogne arrachée aux mains débiles d'une fille, les grands jours d'Auvergne abolis sont des souvenirs qu'on dirait douloureux si l'on ne se rappelait qu'ils se rattachent à la constitution de notre unité nationale ; enfin l'on a été heureux d'être Flamand, Bourguignon, Breton, fils de n'importe quelle autre province, on est mort pour ne point cesser de l'être.

Aujourd'hui, certes, l'on sait mourir pour la France, mais qui songerait à mourir pour son département?

Pourtant, le département n'est en soi ni moins pesant aux populations, ni moins exigeant envers elles que ne l'a été la province d'ancien régime.

Un exemple entre mille : chacun fait un cas extrême de l'unité nationale ; — nous plus que personne : on l'a vu jusqu'ici. — Le plus élémentaire usage de cette magnifique conquête est de circuler librement dans toute l'étendue du pays ; or, deux habitants de départements voisins ne pourraient sans danger passer l'un chez l'autre à moins de se soumettre à l'impôt et à la formalité vexatoire du passe-port. La population de la France, une et indivisible, est parquée par départements. Le droit de se rendre de Senlis à Meaux coûte deux francs, celui de passer d'un département du Rhin dans le Grand Duché de Bade coûte quinze centimes. Est-ce Bade, est-ce Meaux, qui est français. Mais à quoi bon des critiques de détail sur l'organisation départementale! nous n'en finirions pas; c'est assez d'en signaler les grands défauts.

Le personnel de préfecture est étranger à la contrée ; ce vice d'origine provoque les caprices les plus étranges, les contre-sens les plus extravagants. Le doigt sur un point de la carte, sans tenir compte des avantages ou inconvénients topographiques, de distribution normale de la population, on décrétera la fondation de Napoléon-Vendée : une ville *administrative* dans un désert. L'élément officiel, n'y trouvant pas autour de soi l'élément indigène, y périra d'ennui en confessant sa désespérante nullité.

Il y a en France mille Napoléon-Vendée de toutes formes, de toutes natures.

Puisque nous avons touché aux rapports de société d'administrants à administrés, il nous faut rappeler la distance volontaire des uns à l'égard des autres? La *colonie* est un mot qui s'entend en province. Les fonctionnaires, dès qu'ils le peuvent, échappent au public; ils accordent tout au plus, en dehors du service, quelques strictes politesses aux principaux habitants, puis ils se réunissent au plus vite, pour reprendre, dans une intimité exclusive, le thème invariable des regrets de Paris et le passe-temps des éternelles médisances contre les provinciaux, leurs ridicules, ou simplement leurs coutumes et leurs idées particulières.

La *colonie* ne se doute guère qu'elle est en retour menacée d'ostracisme. Le véritable élément parisien : les aristocraties de naissance, d'intelligence, d'argent, s'unissent pour répéter contre les fonctionnaires, les railleries de ceux-ci contre les provinciaux.

L'administration, étrangère sinon hostile, est-elle du moins sérieusement responsable? Non. Il ne saurait résulter de la pire gestion du plus inepte préfet qu'un déplacement ou une révocation. Après? Qui dit que les mêmes fautes ou des fautes équivalentes ne seront pas commises par un nouvel agent? qui dit, surtout, que les précédentes seront réparées? En administration le *précédent* est invincible, on donnera satisfaction à l'opinion publique en sacrifiant un fonctionnaire, on n'annulera pas ses actes, de peur de disloquer les rouages existants.

Il n'y a de responsabilité qu'à deux sources: celle de l'État, exécuteur direct, celle de la commune, maîtresse de ses volontés, *self-government*.

L'État, après une faute commise, reste en butte à une continuité de reproches bruyants ou sourds, à travers les changements de régimes et les successions de personnes, jusqu'à ce que la réparation soit obtenue.

La commune, délibérant en toute liberté, à tous risques sur ses propres affaires, pourrait corriger ses erreurs quand elle les aurait reconnues.

Mais l'État délègue son pouvoir. Il n'intervient qu'à propos des grands scandales dont s'émeut la conscience publique, et qui sont, à tout prendre, les moins redoutables parce qu'ils sont l'exception. Pour l'effrayant total des misères quotidiennes qui absorbent la vie de la province, elles viennent expirer plutôt qu'aboutir au conseil d'État.

Mais la commune!... comme si, tout ce qui procède du radical *commun* n'avait pas la propriété d'épouvanter les niais depuis quinze ans !

Les deux systèmes inverses tendent au même point : tout par l'État ou rien par l'État, centralisation extrême ou décentralisation absolue.

## III

L'absence de vie intellectuelle est le pire des maux de la province. La pauvreté d'esprit, qui n'y est pas, tant s'en faut, naturelle, y semble systématiquement entretenue. La littérature, les beaux-arts sont en peine d'y prendre langue ; la malveillance les y poursuit et les dit plus qu'inutiles : dangereux.

Mais, objectera-t-on, cette constatation, si elle est vraie, retombe à la charge de la province et non de son régime. C'est la population qu'il faudrait prendre à partie de cette étrange aversion, si le droit des individus et des masses d'être soi, de se développer suivant un modèle intérieur et point selon le caprice ou même la raison d'autrui, n'obligeait pas à respecter ce tempérament comme tout autre.

Objection captieuse ! Il ne s'agit pas d'aversion, mais d'abdication ; cela ne saurait faire doute. La province aurait à rougir de son infériorité à l'égard de Paris si, à son exemple, elle voulait goûter des jouissances immatérielles. Elle y renonce, parce que l'impôt lui enlève les ressources avec lesquelles elle pourrait se créer un budget de l'intelligence. Sous ombre de centralisation, un seul point est doté d'établissements exceptionnels, et la vanité y trouve plus son compte que les lumières. L'impuissance de l'excès d'argent éclate alors comme son contraire ; l'exubérance des ressources laisse espérer en vain l'exubérance de résultats ; le superflu déconcerte, et faute d'emploi sérieux reçoit une destination vicieuse ; il n'y a pas de terme dans cette voie : après le superflu, le nécessaire ; la notion du *convenable* se perd et il y succède celle du *convenu*.

On peut démontrer sans tour de force que Paris, le privilégié de la centralisation, en est là.

Certes nous ne sommes pas de ces alarmistes qui sont venus à toutes les époques pousser le cri de décadence ; mais, nous l'avouons, nous sommes effrayé de voir Paris tomber parfois en quinzaine de stupidité. On voit alors la presse, la librairie, les expositions, le théâtre se traîner piteusement dans des reproductions banales, dans de vieilles redites. Le mal se passe, mais il revient. Et ne comprend-on pas qu'il n'en saurait être autrement : toute tâche est lourde à remplir éternellement seul ; la langueur, la fatigue ne peuvent manquer de s'y trouver à la longue. Et penser que la France tout entière pourrait y donner son concours ! qu'elle pourrait apporter le charme, le bénéfice de l'émulation à la propagation des connaissances et des idées. Les pionniers américains sont mieux avisés : quand ils veulent incendier une forêt, ils y mettent le feu sur tous les points à la fois. Dussions-nous encore concéder qu'en tant que production intellectuelle (non en tant qu'expansion, c'est inadmissible), Paris avec ses ressources ait fourni un contingent égal aux contingents additionnés que la province eût pu livrer si elle fût restée maîtresse de ses deniers, — ne demeurerait-il pas toujours plus juste qu'elle eût joui sur tous ses points, d'agréments proportionnels aux déboursés qu'elle a effectués.

Nous réservons, d'ailleurs, notre opinion personnelle : c'est que le chiffre obtenu de travaux utiles, recherches, découvertes, chefs-d'œuvre, eût été incomparable à ce qu'il est.

Tout Parisien exilé en province, signale comme la plus mortelle souffrance, la connaissance qu'il a bientôt acquise de toutes les idées du cercle d'êtres vivants dans lequel il est emprisonné. A Paris, cette souffrance n'est que reportée plus loin : Paris est assez grand pour qu'un individu n'arrive pas au bout de toutes les idées qu'il renferme ; mais l'être collectif qui l'habite, savant, artiste, écrivain, finit par les avoir toutes comptées et par n'en plus jamais trouver de nouvelles. Bref, Paris fût-il un cerveau, on ne peut vivre de ce seul organe. La France, pour vivre pleinement de sa vie de nation, doit se sentir émue dans tout son être; l'exercice doit être rendu à ses membres; qu'il soit fait un pas dans cette voie et l'on verra le mouvement naître, gagner les couches les plus inférieures de la société; des foyers s'allumeront de toutes parts pour éclairer et guider les esprits.

Hélas ! c'est l'inverse de tout cela que l'on a semblé vouloir jusqu'ici. Égalité sur tous les points de l'Empire ! fi donc ! c'est la hiérarchie qu'il nous faut.

Réserve soit faite des dispositions nouvelles que le pouvoir a récemment manifestées. Nous parlons de ce qui est, non de ce qu'on projette. Jusqu'ici, quand la Suisse... l'Allemagne même !... ont été offertes comme des nationalités auxquelles il y avait peut-être quelque chose à emprunter, elles ont été traitées de haut comme auberges où l'on compte par chambre un habitant qui y vit fièrement. Chez nous, la pensée n'est soufferte qu'au salon; pour l'office, s'il raisonne, on le baffoue. C'est une bonne maison que la nôtre.

Qu'on ne s'y trompe pas, du reste, Paris n'est pas autant considéré qu'admiré : il charme mais n'obtient pas confiance; sa conduite veut être surveillée et c'est à quoi s'emploie la province comme ce *frère chapeau* qui s'attache aux pas d'un jeune séminariste pour l'empêcher de commettre des imprudences.

*Frère chapeau* a le droit qu'ont les subalternes choisis, de morigéner un jeune maître étourdi ; il accompagne le brillant écolier jusqu'à la porte du concours général, mais il n'entre pas : les lycées de Paris et le lycée de Versailles peuvent seuls former des sujets dignes d'être couronnés par M. le ministre de l'instruction publique.

Tant de partialité au chapitre de l'enseignement ! Ici des professeurs fantastiques recevant six mille francs de traitement pour commenter des fatras mantchous ou thibétains devant deux auditeurs qui désertent le cours si sa douce température n'invite pas au sommeil, et ailleurs, à Gièvres, dans Loir-et-Cher, par exemple, un pauvre instituteur, objet du mécontentement du curé, et pour cette cause banni de l'église ; cette rigueur lui serait légère, peut-être, si elle ne concernait que lui, mais elle atteint toute l'école ; et voilà l'enfance laissée le dimanche, par tous les temps, à la porte de la demeure du Dieu qui a dit : « Laissez venir à moi les petits enfants. » Parfois, l'eau du ciel les indemnise de l'eau du bénitier qui leur est refusée.

Mais c'est oublier ce qui est dû à la cause des instituteurs que de l'aborder par incident. Les plumes les plus exercées de la grande presse y consacrent leurs plus éloquents plaidoyers. La réserve est l'hommage de ceux qui n'ont ni la place ni la compétence de tout dire. Aux instituteurs, aux institutrices de province, catholiques ou protestants (ces derniers sont les plus malheureux), aux modestes artisans de progrès à parler ! Boucs émissaires chargés des péchés d'Israël , ils paient pour les orateurs , pour les publicistes qui ne sauraieut être atteints ; ils paient par l'inanition, par la servitude, le crime d'enseigner à lire au peuple; quel plus grand crime que celui-là aux yeux du parti clérical ; un peuple qui apprend à lire ne court-il pas tout droit à l'affranchissement de sa pensée !

Ah ! les martyrs, qu'ils ravivent leurs souffrances en les racontant; ils éveilleront l'indignation douloureuse du pouvoir qui les a interrogés.

Tout contribue, on le voit, à entretenir la lourdeur d'esprit, l'ignorance de la province et son éloignement des plaisirs délicats ; on n'ose calculer le dommage qu'en reçoit son moral : la dignité d'homme, l'indépendance de citoyen n'y résistent pas, car si le courage physique veut quelque peu que l'on méprise autrui, le courage moral veut surtout que l'on ait conscience de soi-même.

Il entre dans notre pensée de ne faire remonter aux intentions du pouvoir actuel que l'adoption du principe des sévérités qui ont marqué ses commencements ; c'est là sa part dont il doit accepter et connaître le poids. Mais l'application que ce principe a reçu en province à la même époque, reste à la charge de la lourdeur d'esprit, de l'ignorance, de la nullité morale qui lui ont laissé un trop libre champ. Tel ne craint pas d'être inique qui craindrait de devenir odieux en sévissant contre des gens de ferme et vive replique, capables de juger et de flétrir. C'est la force de l'opinion éclairée. Si elle eût régné en province, combien d'obscurs individus dont le pouvoir ignore et ignorera toujours l'existence n'eussent jamais vu des rancunes locales détruire leur fortune et leur liberté !

C'est cet arbitraire funeste que le prisonnier de Sainte-Hélène appelait : « Ses instructions mal comprises, ses ordres mal exécutés. »

M. de Persigny y songeait il y a quelques semaines en écrivant aux préfets : « *Je vous demande de vous dégager des préoccupations personnelles qui n'embarrassent que trop souvent les grandes affaires.* »

Faute d'opinion formée, l'autorité est subie comme l'oppression. Elle voudrait être éclairée par la discussion, on la laisse faire et l'on maugrée contre elle. On ne se croit jamais en règle avec elle parce qu'on lui suppose la logique du loup. La *France centrale* amnistiée ne peut trouver un industriel qui se risque à l'imprimer. Partout le paysan se trouble quand on lui demande son nom par écrit.

Or, point de culture de l'esprit point d'opinion, on le voit donc bien : la province perd plus qu'une satisfaction de vanité à la distraction de son budget de l'intelligence, elle perd la plus solide garantie de tous ses droits.

## IV

Et le parti clérical ?

C'est l'ennemi tortueux qui, au nom du passé, menace le présent et l'avenir. C'est, à quelques apparences près, plus légales, plus hypocrites, la *congrégation* d'odieuse mémoire. Le congréganiste, ou plus exactement l'affilié des associations de charité, des *œuvres*, est assisté dans son industrie, dans sa charge, dans son poste, dans sa réputation, dans son crédit, dans ses procès, dans ses vengeances au détriment du reste de ses concitoyens. Dans une petite ville du Nord, il y a quelques années, six avoués se partageaient à peu près également les affaires de l'arrondissement : l'un d'eux s'avisa d'être d'une *œuvre :* laquelle ? il n'importe ; être d'une c'est être de toutes. Aussitôt sa clientèle tripla ; chacun de ses collègues avait perdu la moitié de la sienne.

Il nous souvient d'avoir lu dans une petite histoire de Montmartre (Montmartre n'était pas alors Paris), que les Montmartrois *bons catholiques*, ne voulaient pas souffrir parmi eux des commerçants d'une autre religion que la leur ; s'il s'en établissait un, ils le ruinaient. L'aveu est naïf. L'histoire est d'un curé de la paroisse, il s'en pourrait retrouver quelque exemplaire dans la sacristie. Ce qui, nous l'espérons, n'est pas resté vrai pour Montmartre, l'est encore pour la province. Les processions publiques, les pratiques extérieures qui, lorsqu'il en est besoin, deviennent des manifestations aussi bien contre le pouvoir que contre la liberté, les pompes orgueilleuses se déploient sans contrainte sur toute la surface de la France ; elles arrivent jusqu'aux portes de Paris, que seul elles n'ont pu encore envahir. L'oisiveté sacrée jette au travail saint, à la moisson, une bénédiction menaçante, prête à les maudire si elle y trouve la trace du progrès et de l'examen.

Les évêques désertant les intérêts du ciel, fulminent leurs instructions pastorales contre la démocratie, résistent au droit commun qui régit la publication des écrits politiques, les uns sur le ton de la doléance, les autres avec colère et en contestant au pouvoir la compétence, la lumière, la mission de leur désigner les questions qui se lient ou ne se lient pas aux intérêts spirituels des peuples.

Qu'est-ce que tout cela prouve ?

L'ultramontanisme a-t-il changé? N'est-il plus le même qui s'est réduit à de puériles manœuvres, vingt ans durant, après la chute de la Restauration ? Son fiel est-il plus âcre, sa bave plus empoisonnée? point. On l'a simplement mis à même d'agir. Le régime impérial, dans l'inexpérience et les hésitations de ses débuts, a accepté son aide. L'ultramontanisme, il faut en convenir, est fondé à se targuer aujourd'hui des prérogatives d'une association dont naguère on lui a laissé accomplir la tâche.

Mais l'Empire a ouvert les yeux, il s'est souvenu d'être le gouvernement par le suffrage universel et non par l'intrigue cléricale. Il ne se sent pas vivre étant l'Empire de la compression, il s'évertue d'être l'Empire de la liberté. Dès lors, l'édifice que les jésuites ont contribué à élever est abandonné, ils n'ont rien à prétendre dans le nouveau. Soit, mais leurs personnes n'en peuvent être chassées qu'à la condition que leur esprit en soit chassé aussi. Il ne faut plus qu'à l'influence démoralisante du clergé on puisse opposer l'influence démoralisante de l'administration. Il ne faut plus qu'à l'intervention de l'évêque de Marseille dans les élections municipales de cette ville, on puisse opposer l'obligation où se sont trouvés les comités de sommer le maire par huissier de délivrer les cartes électorales. Il ne faut plus qu'aux menées des candidatures cléricales on puisse opposèr les prospectus du *Progrès de l'Ouest* distribués sous le couvert de l'administration préfectorale de Maine-et-Loire. Nous l'aurions belle à poursuivre cette nomenclature comparée de faits regrettables ; mais cette brochure n'est pas un réquisitoire, c'est un loyal exposé de situation offert aux méditations de la conscience publique dont le gouvernement désire s'inspirer. Nous souhaitons qu'il en ressorte le vice radical de l'organisation départementale, de ce système de vice-royautés assujetties chacune aux tempéraments variés de ceux qui les gouvernent. A nos yeux c'est l'école où l'on forme *in animâ vili* les préfets de la Seine, les ministres, les ambassadeurs ; c'est aussi parfois l'hôtel des Invalides de hauts personnages politiques frappés de disgrâce.

Que de misères pour eux tous, aussi bien que pour leurs administrés ! Écoutez M. de Persigny s'efforçant de leur communiquer une sécurité dont il craint trop de n'être pas l'arbitre : « *Ne craignez pas*, leur dit-il, *tandis que vous vous dévouerez courageusement à l'intérêt public, de rester exposés sans défense au mécontentement des ambitions non satisfaites..* » Sa bonne foi l'emporte aussitôt après et il ajoute : « *Un fonctionnaire doit savoir braver au besoin une disgrâce imméritée !* »

Voilà ce que vaut le système pour ceux mêmes qui l'appliquent. Quant au peuple qui à sept cents législateurs en a préféré un seul, n'aurait-il pas espéré, dans son admirable logique, qu'un seul empereur le débarrasserait d'une centaine d'autres ?

V

Non, rien ne saurait être aussi funeste à la province que le régime qu'elle supporte actuellement, pas même une centralisation absolue qui ne laisserait plus rien à l'initiative locale et qui suspendrait le dernier acte de la vie du dernier village aux cordons électriques du ministère de l'Intérieur. Au moins, dans ce cas, l'unité de vue pourrait être appliquée. On ne supposera pas cependant que ce soit là ce que nous désirons. S'il nous paraît impérieusement juste que la France démocratique ne forme qu'une cité, c'est dans le sens des garanties, que la cité offre à l'homme de ne le laisser écraser sous le joug d'aucune tyrannie locale, dans le sens du mot citoyen, qui en style impérial revêt la forme d'*ouvrier*, et qui équivaut à l'abolition du mot *paysan*, *païen*, homme de *pays*, séquestré de la grande famille.

Ouvrier agricole, industriel, de tout art, de toute science, détaché de la glèbe, appelé à travailler, à vivre partout, à rencontrer partout les mêmes lois.

« *Que le mouvement des idées, des opinions contraires vienne éveiller partout la vie sociale, politique, commerciale et industrielle.* » Ce sont les paroles de M. de Persigny.

Eh bien ! plus de lignes douanières de la pensée, plus de clôtures contre lesquelles se brise l'essor du progrès, derrière lesquelles s'abrite la conspiration des partis rétrogrades, plus de division départementale.

Osons le déclarer en dépit des clameurs qui nous attendent, l'organisation communale est la seule forme qui puisse répondre aux destinées de l'Empire démocratique français.

La commune (non ce pâle simulacre dont le premier magistrat ne saurait souvent se faire élire simple conseiller), la commune rendue à elle-même, délibérant en dernier ressort sur *tous* ses intérêts et simplement conseillée par l'État, qui pourra justement la signaler au blâme ou aux éloges de la nation, suivant la négligence ou les efforts dont elle fera preuve.

L'État, détenteur des seuls intérêts vraiment généraux et *zélateur* de communes ; le mot, pour venir des cléricaux, n'en est pas moins bon.

Dans l'espoir de dénaturer nos intentions, on s'écriera que nous voulons creuser en province un nouveau lit à la révolution. A la révolution sereine, industrieuse, pacifique, oui ; à la révolte, non.

Bien des gens, malgré cela, sans doute, aimeraient mieux s'en reposer sur l'apathie de la province, sur l'idiotisme de quelques-uns de ses points pour défier le retour de secousses terribles. Les insensés ! ils oublient que partout où il y a paupérisme, plaies sociales, il y a ferment, besoin de changer ; et que si une carrière normale, logique, révolutionnaire, n'est pas ouverte à ces levains redoutables, ils prennent aux jours de crise un cours désordonné auquel s'applique le nom sinistre de Jaquerie.

L'organisation de la commune, qui prémunit contre ces dangers intérieurs, est également la plus solide assurance contre la coalition étrangère. On ne vient pas à bout d'un pays où la vie est partout ; Moscou n'était pas la Russie, nous l'avons su en 1812 ; Paris était la France, nous l'avons su en 1814. La France démocratique voudra-t-elle toujours rester moins forte que la Russie religieuse ?

Il est du génie d'un gouvernement hardi d'embrasser ces idées avec ardeur quand l'opinion publique les lui aura présentées.

En attendant, terminons par le mot d'Augustin Thierry sur la foule des gouverneurs, des généraux, des commis, des cordons et des brevets :

« La liberté, c'est d'avoir le moins possible de tout cela. »

FIN